NUEVA ORLEANS

BONECHI

El espíritu que anima a Nueva Orleans es el jazz puro. El corazón del jazz es la improvisación: el músico toma una idea base y la transforma para adaptarla a su manera personal de tocar. Eso mismo hace esta ciudad, donde el jazz nació. El jazz es una fusión de variadas influencias, caliente, descarada y pulsante de vida. En ambos casos fue creado algo nuevo y únicamente americano, con reverbaciones europeas, africanas y caribeñas.
El jazz se inventa nuevamente en cada ejecución, y esto explica una gran parte de su vitalidad. De igual manera, abundaron en la historia de Nueva Orleans las vueltas inesperadas, que imprimieron a la ciudad su carácter particular.

© Copyright by Casa Editrice Bonechi - Florence - Italy
Tel. +39 055576841 - Fax +39 0555000766 / E-mail: bonechi@bonechi.it – Internet: www.bonechi.it www.bonechi.com

Proyecto editorial: Casa Editrice Bonechi. *Director de publicación:* Monica Bonechi
Investigación fotográfica: personal de Casa Editrice Bonechi. *Redacción:* Federica Balloni
Proyecto gráfico, videocompaginación y cubierta: Manuela Ranfagni
Textos de Rosanna Cirigliano; textos de las págs. 5-9, 56-61 de Rebecca Pittman;
textos de las págs. 42-43 por gentil concesión del Audubon Aquarium of the Americas.
Traducción: Traduco s.n.c, Florencia.

Impreso en Italia por el Centro Stampa Editoriale Bonechi

FOTOGRAFÍAS

Las fotografías de esta publicación fueron tomadas por Andrea Pistolesi *y son propiedad de los archivos de la Casa Editrice Bonechi,*
excepto las de las págs. 19, 25 al centro y abajo, 30 abajo, 44 al centro, 48, 49 arriba, tomadas por Alan Schein,
y las de las págs. 42 y 43 utilizadas por gentil concesión del Audubon Aquarium of the Americas.

El editor se disculpa por cualquier omisión involuntaria y se pone a disposición de quienes tuvieran derecho
para subsanar tal omisión en futuras ediciones de este libro

ISBN 88-476-1125-3

* * *

Rascacielos sobre el fondo de la ciudad de
Nueva Orleans.

INTRODUCCIÓN

ENTRE EL DIABLO
Y EL MAR PROFUNDO Y AZUL

Los primeros europeos que se aventuraron hasta el valle inferior del Mississippi, en 1530, fueron los intrépidos exploradores españoles Cabeza de Vaca y Pánfilo de Narvaez. Más de un siglo después, el francés Robert Cavelier, señor de La Salle, recorrió el Mississippi de cabo a cabo, reclamando para su patria el area contigua (827.192 millas cuadradas, de las cuales se crearon luego entera o parcialmente 17 estados), en 1682.

Llamó la vasta extensión «Lousiane», en honor de Luis XIV, el «Rey Sol». Un escocés, John Law, entró en escena en 1717, habiendo logrado, con la ayuda de Philippe d'Orléans, regente de Luis XV, una cédula para explotar el territorio de Luisiana. Law a su vez envió a otro francés, Jean-Baptiste le Moyne, señor de Bienville, para que fundara una colonia. De Bienville escogió un lugar en la orilla oriental del río, a 110 millas del Golfo, y construyó en unas tierras bajas un pequeño puesto de avance que nombró, en 1718, «Nouvelle Orléans».

Este pueblo, que se conocería luego como «New Orleans», se convirtió en capital del territorio en 1722. Sus habitantes exportaban tabaco, añil y abastecimientos navales; sin embargo, puesto que el valor de ese tipo de cargamentos en esa época no correspondía a su volumen, los barcos franceses pasaban de mala gana por Nueva Orleans. Así que Francia entregó

3

a España en 1763 su puerto poco provechoso con el territorio de Luisiana al oeste del Mississippi, según las condiciones del Tratado de Paris. España conservó el dominio del área hasta 1800, cuando fue secretamente devuelta a Francia. Thomas Jefferson, quien temía y desconfiaba de Napoleón, mandó a su ministro en París, Robert Livingston, negociar la compra de Nueva Orleans. Pero Napoleón no se decidió a vender la ciudad hasta 1803, cuando llegó la noticia de que una tropa expedicionaria francesa en el valle del Mississippi había sido aniquilada por una combinación de fiebre amarilla y mal tiempo. Entregó como extra a los americanos todo el territorio de Luisiana, por el precio de 15 millones de dólares, uno de los mejores negocios que hiciera jamás Estados Unidos. Nueva Orleans fue constituida como ciudad en 1805 y Luisiana se convirtió en el décimoctavo estado de la Unión en 1812.

ES MI CASA

Los primeros habitantes de Nueva Orleans eran una mezcla vivaz de rudos pioneros canadienses, artesanos y soldados de la Compañia del Oeste de John Law (que gobernó el area hasta que volvió a ser colonia de la corona francesa en 1731), presidiarios y esclavos negros e indios. En 1727 unas 88 mujeres, liberadas de las cárceles parisinas, llegaron para convertirse en las primeras esposas de la colonia, escudadas por ocho monjas ursulinas. Las intrépidas monjas se establecieron en la que ahora es la calle Chartres; hicieron diseñar y construir un convento en la misma calle. Iniciado en 1745, este edificio, situado en la cercanía del Mercado Francés de hoy, es el único en Nueva Orleans que sobrevive desde el período de la dominación francesa.

Franceses y otros europeos amantes de la aventura y buscadores de nuevas oportunidades, siguieron pronto los pasos de los colonos originales. La palabra Creole, forjada y utilizada en las Antillas Francesas, fue trasladada a Luisiana para señalar una persona nacida allí de pura sangre francesa. La palabra y el concepto derivaban del español criollo, que distinguía a la primera generación nacida en el Nuevo Mundo de padres españoles. Más tarde se refería a los orgullosos descendientes de los primeros colonos, quienes en muchos casos eran de origen mixto, francés y español.

Los españoles no se dejaron ver en Nueva Orleans hasta 1766, cuatro años completos después de haber tomado el poder. Después de sofocar eficazmente una revuelta, comenzaron tranquilamente a dejar su huella en la arquitectura y en la manera de vivir de la ciudad. Aproximadamente en el mismo período, un grupo llamado los «Cajuns» encontró el camino de Nueva Orleans. Eran descendientes de colonizadores franceses que se habían establecido en Arcadia, área que se convirtio luego en la provincia canadiense de Nueva Escocia. Los británicos se apoderaron por la fuerza de esa región en 1715, inaugurando asi una época de conflictos entre los gobernadores protestantes y la población católica. Los británicos expulsaron finalmente a los «Cadians» en 1755; algunos regresaron a Francia mientras otros bajaron a Luisiana. Los españoles hicieron arreglos más tarde para traer a Nueva Orleans varios miles de exiliados que habían vuelto a Francia. El inimitable gozo de vivir de los Cajuns fue pronto absorbido por la cultura local.

Luego llegaron los «Americanos». Durante la Guerra Revolucionaria, los «kaintucks» (que no eran necesariamente oriundos de Kentucky sino hombres que bajaban y subían el río en balsa) empezaron a transportar sus cargamentos en balsa hasta Nueva Orleans. Más de una vez, los gobernadores españoles tuvieron que suspender el uso del puerto por causa de sus alborotos. Sin desanimarse, venían en gran numero, por el río y también a pie por la Pista Natchez, para comerciar y vivir en Nueva Orleans. Muchos de estos «kaintucks» eran celtas, es decir escoces e irlandeses, y su presencia inicialmente no fue vista con benevolencia por los aristocráticos creoles. De forma que ellos se establecieron a parte, frente al Barrio Francés. El terreno que dividía los dos sectores estaba destinado a ser un canal de drenaje; fue en cambio convertido en un ancho bulevar con una zona divisoria que corría por el medio, llamada popularmente «terreno neutral». Hasta hoy los habitantes de Nueva Orleans llaman a las zonas divisorias en las calles «terreno neutral».

No olvidemos que la gran ola de inmigración europea a los Estados Unidos, desde la mitad del siglo XIX hasta el comienzo del siglo XX, traía a Nueva Orleans oriundos de Alemania, Irlanda e Italia. La herencia afroamericana también es intensa y de raíces profundas. Antes de la Guerra Civil, los «hombres libres de color» eran músicos, periodistas, poetas, negociantes y terratenientes. Los negros se ganaron una excelente reputación por su gusto y habilidad en el campo de la fabricación de rejas de hierro y de la carpintería. Nueva Orleans representa un lugar en el país donde la contribución de los negros a la cultura local es claramente distinguibile.

LA HISTORIA DEL MISSISSIPPI

El río Mississippi en su nacimiento, en el lago Itasca.

*E*n las memorables frases de apertura de Vida en el Mississippi, Mark Twain escribe que el río Mississippi "no es un río cualquiera; antes bien, es notable en todos sus aspectos". Publicadas en el año 1863, estas palabras eran tan acertadas entonces como lo son hoy. Serpenteando por el corazón de los Estados Unidos, el río Mississippi recorre 2.348 millas desde sus fuentes en Minnesota hasta volcarse en el Golfo de México. En ese largo viaje, atraviesa 10 estados al tiempo que recibe agua y sedimentos de 31 estados y de dos provincias canadienses. En su conjunto, el sistema del Mississippi se extiende por 12.359 millas aproximadamente. Incluyendo los ríos Missouri y Ohio (entre otros), es ésta la cuenca fluvial más larga del mundo. El valle del río Mississippi mide unas 35.000 millas cuadradas y tiene 600 millas de longitud. La cuenca del mismo río cubre el 41 por ciento de los Estados Unidos continentales, lo que representa más de 1.245.000 millas cuadradas y hace de ella la tercera cuenca de drenaje del mundo, después de las del río Amazonas y el río Congo. Cada día, el Mississippi recoge dos millones de toneladas de sedimentos de su cuenca y las transporta hacia el océano. La **cabecera** del río fluye por 500 millas desde sus fuentes en Minnesota hasta Minneapolis/St. Paul. Aquí, en los saltos St. Anthony, empieza el **Upper River** (río superior) que discurre por el centro del país hasta Cairo, en Illinois, donde el río Ohio se vierte en él; desde aquí, el **Lower River** (río inferior), ancho e imponente, prosigue su recorrido de 1.000 millas hasta el estrecho delta más allá de Nueva Orleans. Por buena parte del recorrido tanto del Upper como del Lower River, la carretera **Great River Road** lo bordea, ofreciendo a los automovilistas, caminadores y ciclistas magníficos escenarios y lugares históricos. El Mississippi es un río romántico con una historia romántica. En su trágica e inútil búsqueda de oro, el explorador Hernando de Soto y sus conquistadores fueron los primeros blancos en toparse con el río, el 21 de mayo de 1541, probablemente desde una barranca al sur de Memphis. De ahí a poco, De Soto murió como consecuencia de unas fiebres. Un puñado de sus hombres, andrajosos sobrevivientes de la que fuera una gran expedición, huyeron río abajo en balsas improvisadas hasta llegar al Golfo de México y finalmente a un fuerte español. Durante los cien años que siguieron, la existencia de un gran río quedó envuelta en el mito y la desinformación. Los nativos hablaban de "grandes aguas" a los comerciantes europeos, quienes esperaban fervientemente que se tratara del fabuloso Gran

Mar del Oeste, considerado como la puerta hacia el comercio directo con las riquezas de la China. Mas en el año 1673 dos franceses, el padre Jacques Marquette y Louis Jolit, exploraron el Mississippi desde lo que hoy se llama Wisconsin River aguas abajo hasta el Arkansas River, trazando su curso norte-sur. René Robert Cavelier, señor de La Salle, al mando de un grupo de exploradores navegó el río desde su confluencia con el Illinois hasta el Golfo de México en 1682, reclamando tanto el río como sus tributarios para la corona de su soberano, Luis XIV. Cien años después, y durante un corto período, España extendió sus dominios a estos vastos territorios. Mas en 1803, la Compra de Luisiana signó definitivamente la identidad norteamericana del territorio del Mississippi. Las diferentes razas y nacionalidades que a lo largo del tiempo se disputaron la posesión del río Mississippi le dieron también diferentes nombres. Los primeros exploradores españoles lo llamaron "Río del Espíritu Santo". Conquistadores posteriores le cambiaron el nombre, dándole los de "Río Grande", "Río Escondido" y "Palizado". También los franceses le dieron varias denominaciones, llamándolo "Colbert" como homenaje a un político de aquellos tiempos; "St. Louis", por el santo patrono del reino, e "Inmaculada Concepción". "Mississippi" es una voz nativa que podría traducirse como "Río Grande" o "Padre de las Aguas". Mark Twain (seudónimo de Samuel Langhorne Clemens), en Vida en el Mississippi registra el uso de un apodo menos lisonjero: "Great Sewer" (Gran Mayordomo). En la actualidad y en el lenguaje coloquial, el río recibe los nombres de "Old Man River" (Viejo Río), "Muddy Mississippi" (Mississippi fangoso), "Mighty Mississippi" (Poderoso Mississippi). A lo largo de su curso pueden verse restos de la presencia de una civilización autóctona avanzada, que existió aproximadamente entre 500 y 1300 d.C. Los arqueólogos han demostrado que en el valle del Mississippi vivían tribus dueñas de técnicas agrícolas bastante sofisticadas que les permitían llevar una existencia sedentaria en lugar de nómade. Se habían dado una estructura social sumamente ordenada y en sus comercios con otras tribus llegaron hasta el Golfo de México. Había entre ellos consumados alfareros y artistas y hábiles constructores de túmulos sepulcrales. Todavía hoy pueden apreciarse evidencias de su cultura todo a lo largo del Mississippi. El **Cahokia Mounds State Historic Site**, sobre el río, en Illinois, cerca de St. Louis, comprende 85 elevaciones entre las que destaca el **Monks Mound,** de 100 pies de altura, el más alto del territorio. Unas 200 de estas tumbas -

algunas de ellas en forma de osos y pájaros - pueden verse en **Effigy Mounds National Monument** en Marquette, Iowa. En las afueras de Natchez, Mississippi, se encuentra **Emerald Mound,** con sus 35 pies de altura, el segundo promontorio ceremonial por su tamaño en los Estados Unidos. El río Mississippi ha inspirado coloridas leyendas y supersticiones. Los nativos chippewa narran que el esqueleto espectral de un valeroso joven vaga por la ribera del río cerca de Crow Wong, en Minnesota, recuerdo de una célebre batalla entre chippewas y siouxs. Símbolo de la muerte, el enorme y aterrador Piasa Bird es parte de la mitología de varias tribus del Mississippi. Hiawatha, el guerrero, inmortalizado en el poema de Henry Wadsworth Longfellows The Song of Hiawatha, está presente en las tradiciones de los nativos como en las de los pioneros. Es razonable creer que el nombre del lago en que nace el río, Lake Itasca, no deriva del latín como se afirma en la mayoría de los libros de historia sino que procede, por lo menos en parte, de la leyenda aborigen de la hija

Arriba, por las piedras se cruzan a pie las bajas aguas del inicio del Mississippi.

Minnesota, la hermosa región de las aguas de cabecera del Mississippi.

St. Paul, la ciudad con más puentes de todas las que hay sobre el gran río.

de Hiawatha, I-teska. Narra la historia que la joven fue raptada por el dios del mundo subterráneo y que sus lágrimas dieron origen al gran río. El folklore del río abunda también en relatos algo exagerados y de todo otro tenor: bandidos y piratas como Jean Lafitte llenan un capítulo especial de la mitología del río y mucho de lo que se cuenta se basa en hechos reales. Los bien documentados crímenes de los sádicos hermanos Harpe son particularmente espeluznantes. Del mismo modo, el clan de los Murrell, del extremo oriental del Tennessee, era temido desde New Madrid, en Missouri, hasta Vicksburg. Mucho más gentil - pero también improbable - la figura de Whiskey Jack, enorme y fuerte como un buey. Bob Hooter era un legendario cazador de mapaches del delta del Mississippi; pero sin lugar a dudas el truhán más famoso del río, fabulador y borrachín, fue Mike Fink, "el rey de los pilotos del río". Se cuenta que entre sus increíbles proezas figura la de haber engullido una piel de búfalo con la intención de dar un nuevo revestimiento a su estómago corroído por el alcohol. La música es un aspecto esencial de la cultura del río.

Réplica de un vapor del siglo XIX en la pintoresca ribera de Alton.

El Lower Mississippi, ancho e imponente, empieza en la confluencia de este río con el Ohio, en Cairo, Illinois.

En un comienzo era el lenguaje de los esclavos, profundo y expresivo; aquella música primordial evolucionó hasta desembocar en varios géneros importantes de Estados Unidos. Ragtime en St. Louis, blues en Memphis y el delta del Mississippi, jazz en Nueva Orleans: la música y el gran río siempre han fluido juntos. Las raíces de la música popular de hoy se hunden en la fuerza desgarradora de las canciones que se oían en los campos de algodón o se cantaban en los bulliciosos muelles del río. El símbolo más representativo del Mississippi es el buque de vapor. Fue inventado en los primeros años del siglo XIX y dio al comercio por el río un enorme impulso que duró hasta la guerra civil. En 1814, veintiuna de estas naves fondeaban en Nueva Orleans; en 1833, la ciudad registra la llegada de más de mil doscientos vapores impulsados por ruedas. Sin embargo, y pese a su gran popularidad, este medio

de transporte del siglo XIX era muy peligroso: la vida media de una nave de ruedas se estimaba en cinco años, aunque el primer buque de vapor en surcar el Mississippi, el New Orleans, chocó contra unos troncos sumergidos en el río y se hundió después de solo tres años de servicio. Los accidentes y las horribles

explosiones de calderas estaban a la orden del día. En Vida en el Mississippi, Twain describe una devastadora explosión ocurrida en el buque Pennsylvania sesenta millas aguas abajo de Memphis, en la que murió su hermano junto con muchas otras personas. El peor accidente en la historia del Mississippi se produjo cuando el vapor Sultana, atestado de soldados de la Unión apenas liberados de una prisión confederada, estalló cerca de Memphis, hundiéndose con más de mil personas a bordo. Tras tantas explosiones e incendios, los pilotos de los vapores temían la colisión con maderas o los restos semisumergidos de las naves.

A causa del errático fondo del río y el inconstante nivel de las aguas, los vapores corrían peligro constante de encallar. Pese a todo y a despecho del peligro, estos vapores se convirtieron en un lugar de diversión. Hacia mediados del siglo XIX, los vapores de pasajeros eran con frecuencia espléndidas naves de lujo de refinada decoración, con arañas de cristal, alfombras orientales y música, esta última a cargo de elaborados órganos de vapor o de verdaderas orquestas. Según Twain, "los buques de vapor eran lo más hermoso de todo lo que flotaba. Comparados con las soberbias mansiones y los hoteles de primera categoría del valle, eran sin duda magníficos, verdaderos palacios". La gran tradición de lujosos vapores subsiste hoy en una moderna flota de buques impulsados por ruedas que efectúan cruceros por el Mississippi desde Minneapolis/St. Paul hasta Nueva Orleans. El Delta Queen, declarado monumento histórico nacional, está en el río desde 1926. Otros dos buques, el Mississippi Queen y el gigantesco American Queen de reciente botadura, ofrecen entretenimientos que habrían dejado estupefacto a Mark Twain: cines, salones de belleza, piscinas. Sin embargo, en la actualidad la mayor parte de los vapores de ruedas del Mississippi cumplen la función de casas de juego flotantes, al estilo de Las Vegas. El advenimiento del juego en los muelles ha traído dinero y trabajo a una cierta cantidad de ciudades ribereñas que hasta entonces tenían pocos recursos económicos y perspectivas. Twain dice que el Mississippi es "el río mas retorcido del mundo", que no hace más que girar y doblarse sobre sí mismo, creando interminables curvas cerradas y canales secundarios. Al igual que en tiempos del escritor, este cambiante río abandona con frecuencia los canales que corta, transformando los meandros en lagos poco profundos que con el tiempo se secan. Más

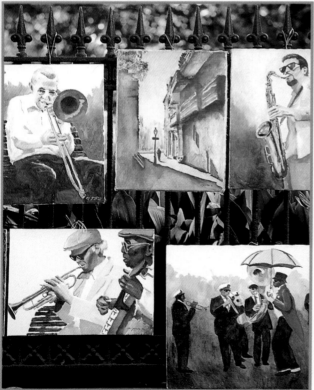

El Gateway Arch simboliza el histórico papel de St. Louis como puerta de entrada al Oeste americano.

Campos de algodón del Mississippi aguardando la cosecha otoñal.

El ritmo del jazz es la columna sonora del legendario Barrio Francés de Nueva Orleans.

de una ciudad ribereña se encontró de pronto tierra adentro como consecuencia de un capricho del Mississippi. En la actualidad, esta volubilidad está siendo combatida por el Cuerpo de Ingenieros del Ejército de Estados Unidos que rectifica su curso cada vez que se hace necesario. En 1879, el Congreso de los Estados Unidos creó la Comisión para el Río Mississippi, que debía ocuparse del control de las crecidas y promover la navegación y el comercio por el río. En 1922, el Congreso destinó 42 millones de dólares a la construcción de un sistema de compuertas y represas que darían vida a un canal navegable prácticamente tan largo como el río mismo. En 1944, el Cuerpo había construido ya 29 compuertas y represas en el Upper River entre Minneapolis/St. Paul y St. Louis. Antes de la realización de estas obras, la navegación por el Upper River era sumamente difícil: los barcos corrían constante peligro de encallar en las aguas bajas o de ser arrastrados por fuertes corrientes. Ahora, las compuertas y los diques mantienen constante la profundidad del río, permitiendo la navegación durante todo el año. El único problema lo representan los hielos invernales, que pueden cerrar el Upper River hasta Missouri. En la actualidad, el comercio por el río es importantísimo. En 1940, el volumen del tráfico había sido de 30 millones de toneladas de mercancías; en 1993, la cifra superó los 600 millones de toneladas. La mayor parte del tráfico comercial fluvial es efectuado por enormes lanchones. Los productos habituales son acero, cereales, minerales, productos petrolíferos o sustancias químicas. Cada primavera, el río se sale de su cauce. En qué cantidad, por cuánto tiempo y dónde son preguntas inquietantes que todos se repiten desde hace siglos. De Soto fue testigo de una gran riada en 1543, la primera en ser registrada. La de 1927 fue la más desastrosa de la historia del río, inundó unas 26.000 millas cuadradas y causó la muerte de más de 200 personas. Mas aún en años tranquilos, estas inundaciones erráticas han causado pesadillas a las gentes y las ciudades ribereñas y a los agricultores. En la actualidad, el Cuerpo de Ingenieros combate las inundaciones en el valle del Mississippi con un sistema de malecones, murallones y otros de control de las aguas.

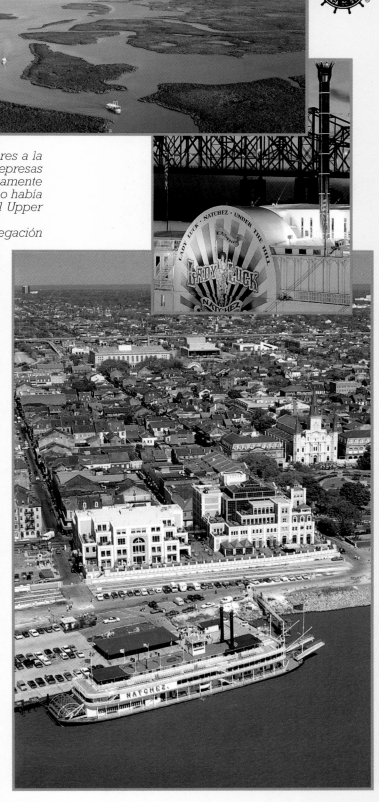

El delta del Mississippi, ''pata de ave'', es un enorme pantano salobre en donde abunda la vida vegetal y animal.

Una de las muchas casas de juego flotantes del Mississippi.

Los históricos vapores del Mississippi añaden un toque de color a la costa de Nueva Orleans.

Panorama aéreo de Jackson Square.

NO VOY A TOCAR SEGUNDO VIOLIN

Diseñado siguiendo el modelo de un típico pueblo francés, por el ingeniero Adrian de Pauger en 1721, el **Vieux Carré** o **Barrio Francés** es el alma vital de la ciudad del jazz, donde edificios típicos manifiestan claras influencias francesas, españolas y americanas. **Jackson Square** se encuentra en el corazón del trazado «parrilla» del Vieux Carré. Esta plaza que mira hacia el río, es un refugio con vegetación, arbustos y árboles, que refleja una fusión muy humana entre la historia de la ciudad y la vida contemporanea. Si se observa la ciudad desde el aire, esta area contrasta con la moderna Nueva Orleans con sus rascacielos. Se aprecia claramente al observar la plaza Jackson que la autoridad, en la forma de la Iglesia Católica Romana y del gobierno civil, constituía el fundamento de la colonia original. En esa época,

la plaza no fue otra cosa que un campo de paradas, conocido como *Place d'Armes*. Los soldados hacían instrucción delante de la iglesia del pueblo (conocida más tarde como Catedral de San Luis); sucesivamente surgieron junto a ésta la sede del Cabildo español y una residencia destinada a ser casa de los curas (el Presbytère). Después de heredar el terreno común, los españoles cambiaron el nombre en *Plaza de Armas*; luego los americanos le dieron el apodo *Public Square*.

La designación *Jackson Square* fue acordada en la mitad del siglo XIX, en el momento en que una estatua ecuestre de Andrew Jackson, héroe de la batalla de Nueva Orleans, fue instalada en el centro de la plaza.

La plaza ha ejercido siempre una fuerte atracción sobre la gente: los nativos de la ciudad, los turistas, los artistas que exponen su trabajo en el lado exterior de la reja de hierro colado (dibujada por Louis H. Pilé e instalada en 1851), los cocheros con sus carruajes viejo estile, los músicos que de vez en cuando improvisan conciertos. La meta de casi todo el mundo es la **St. Louis Cathedral** (Catedral de San Luis), con sus altas espiras, y la impasible fachada blanca de la iglesia observa tranquila la escena cambiante. Desde 1720 aproximadamente, ha habido siempre una iglesia en este lugar, y la actual catedral es la tercerca de la serie. Al primer modesto edificio de culto, que se lo llevó el huracán de 1722, los primeros colonizadores le habían dado el nombre «St. Louis» en honor del rey Luis IX, santo patrono de Francia. El segundo edificio fue destruido en el terrible incendio de 1788, que arrasó una gran parte de la ciudad vieja. El gobernador de Nueva Orleans, Don Andrés Almonester y Roxas, un acaudalado hidalgo español, financió la construcción del nuevo edificio de culto, diseñado por Gilberto Guillemard. Finalizado en 1794, logró salir indemne de otro vasto incendio que al poco tiempo se desató en el area, y fue consagrado como catedral en la víspera de Navidad del mismo año. Durante toda su historia, se fijaron en sus puertas los avisos oficiales, como tradicionalmente se hacía en las iglesias europeas.

La iglesia más antigua e importante de Nueva Orleans es la catedral de San Luis. Junto a ella, el Cabildo, que fuera sede del gobierno colonial español.

H.S. Bonval Latrobe realizó algunos cambios arquitectónicos en la fachada de la iglesia en 1814, y más tarde aún, en 1849-51, la Catedral de San Luis fue ampliada según el diseño del arquitecto J.N.B. Pouilly, quien también le confirio un aspecto francés, levantando las espiras y añadiendo otros toques remodeladores.

El interior está adornado con cielos rasos pintados y el altar central, sencillo pero exquisito, fue fabricado en Bélgica. Varias generaciones de familias de Nueva Orleans están sepultadas aquí, y sus tumbas llevan inscripciones en francés, español, inglés o latín. El papa Pablo VI ascendió la catedral a la categoría de basílica menor en 1964.

Justo en frente de la Catedral de San Luis, se

Interior de la Catedral. El altar fue fabricado en Bélgica.

*la estatua de bronce de Andrew Jackson se yergue en
el centro mismo de la plaza que lleva su nombre. Jackson
defendió heroicamente la ciudad de Nueva Orleans de
un intento de invasión por parte de los ingleses en 1815.*

yergue la ya mencionada **estatua de Andrew
Jackson** a caballo, obra del escultor Clark Mills.
Figura militar sobresaliente, se le recuerda por
haber salvado Nueva Orleans durante la Guerra
de 1812 de una armada invasora británica.
Jackson, con una banda de campesinos y
voluntarios locales, derrotó al enemigo el 8 de
enero de 1815, en la Chalmette, en las afueras de
la ciudad. Sin que ninguna de las partes lo
supiera, se había firmado dos semanas antes en
Europa un tratado de paz que ponía fin a la
guerra.
Los edificios a los lados de la catedral son
símbolos del poder temporal y religioso, más que
de la fuerza militar. Desde la estatua de Andrew
Jackson, se ve a la izquierda el Cabildo y a la

derecha el Presbytère. Los dos son edificios
coloniales españoles con techos mansard
franceses (el Cabildo fue construido en 1795 para
reemplazar el edificio sede del *corps de garde* –
policia – perdido en el incendio de 1788; la
construcción del Presbytère fue iniciada durante
los años '90 del mismo siglo). El Cabildo fue en
una época la sede del gobierno del entero valle
del Mississippi, y los documentos de la Compra
de Luisiana fueron firmados en el segundo piso
del edificio en 1803. Se observa en los ambientes
de la planta baja una parte del antiguo cuartel de
policia, y la prisión en la parte posterior del
edificio estuvo en uso hasta 1914. La fábrica fue
también Casa Municipal de Nueva Orleans, de
1803 a 1853, y sucesivamente sede de la Corte

Arriba izquierda: Detalle del techo mansard francés del Cabildo. Abajo izquierda: Se cree que los edificios gemelos de ladrillos llamados «Pontalba Apartments» sean los primeros bloques de apartamentos construidos en los Estados Unidos.

El Jackson Brewery, en la orilla del río, ha sido convertido en alegre mercado.

Suprema de Luisiana (1853-1910). Junto con el presbytère (que nunca fue utilizado como casa de los curas), el Cabildo constituye actualmente parte del Museo Estadal de Luisiana, que exhibe muchos objetos interesantes, entre ellos una máscara fúnebre de Napoleón Bonaparte. Otra parte del mismo museo está ubicada en un apartamento del **Edificio Pontalba Inferior** ("Lower Pontalba Building"), que queda en la plaza Jackson (del lado de la calle Ann). Como su gemelo, que queda directamente en frente, el **Edificio Pontalba Superior** ("Upper Pontalba Building": esa colocación recuerda la plaza Santissima Annunziata en Florencia, Italia), esta estructura fue diseñada alrededor de 1850, en ladrillo rojo con largos y espaciosos balcones encerrados por delicadas rejas de hierro. El diseño de las rejas, hechas en Francia, contiene las iniciales "AP", por Micaela Almonester, Baronesa de Pontealba, hija de Don Andrés Almonester y Roxas (véase Catedral de San Luis), quien comisionó los edificios a los arquitectos James Gallier padre y Henry Howard. Según la intención de la baronesa, constituyen un complejo de graciosos negocios en la planta baja con residencias privadas en los pisos superiores. La parte que pertenece al Museo Estadal de Luisiana recrea fielmente el medio ambiente de una casa de Nueva Orleans en la mitad del siglo pasado, completa con muebles de la época.

Cerca de alli, el **Jackson Brewery**, 620 calle Decatur, brinda una experiencia moderna en el campo de las compras. La antigua sede de la cervecería Jackson, fue transformada durante los años ochenta en un mercado espectacular, festivo y elegante, en diversos niveles, que contiene más de 100 modernas tiendas y boutiques, con puestos de venta de comida y restaurantes. Una manera agradable para relajarse después de recorrer las tiendas, puede ser la de tomarse un «drink» en uno de los salones-terrazas en el techo del JAX (como familiarmente se le conoce) y admirar el panorama de la ciudad y del río Mississippi.

15

Bourbon Street es el lugar las diversiones nocturnas. En esta página y en las siguientes, algunos aspectos de sus atracciones y el Barrio Francés de noche.

DEMASIADO MARAVILLOSO PARA LAS PALABRAS

Si uno cierra los ojos en Nueva Orleans, infaliblemente oye música. El sonido humoso del jazz está por todas partes, con músicos que improvisan solos en las calles del barrio Francés o en el río, ritmos que explotan en las celebraciones del Mardi Gras, o una banda «militar» que acompaña alegremente la partida definitiva de un amigo en su funeral.

Louis Armstrong, Buddy Bolden, Jelly Roll Morton, Duke Ellington, Count Basie, Charlie Parker y Dizzy Gillespie son sólo algunos de los grandes nombres que vienen a la mente cuando se piensa en el jazz. Esta forma artística nació en Nueva Orleans poco tiempo antes de la Primera Guerra Mundial. Tenía sus raíces en el «ragtime», los «blues», las melodías de los violinistas escoses e irlandeses, las viejas melodías bailables criollas de Luisiana, los «spirituals», los himnos evangélicos y las canciones de trabajo de los negros.

El jazz tiene siempre golpe o ritmo porque es una música sincopada. Si se juntan

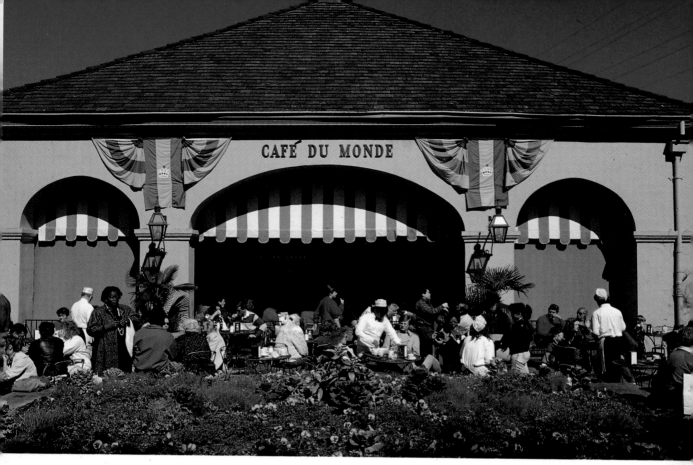

*Izquierda: Pat O'Brien's, un lugar clave en
Nueva Orleans.*

*El Café du Monde en el Mercado Francés queda
abierto 24 horas al día para servir café au lait y
beignets.*

rompeta, trombón, saxofón, clarinete, bajo y
ambores, ya están los componentes básicos de
una banda de jazz. Basta agregar los músicos y lo
que sucederá entonces no lo puede prever nadie.
O más bien, como dice un viejo dicho de Nueva
Orleans, «¡Que rueden los buenos tiempos!»
La emoción de esta tradición de Nueva Orleans
sigue sin disminuir en la **Bourbon Street** del
Vieux Carré, donde el jazz se sirve fresco noche
y día, día y noche. Dos famosos músicos de jazz,
Al Hirt y Pete Fountain, tienen allí su propio club.
Las numerosas tascas de jazz en el area son
manantiales de pura energía creativa, sonido y
color. Para los que buscan una combinación de
música suave y bebida dura, una buena elección
es **Pat O'Brien's** en la cercana calle St. Peter. El
establecimiento tiene tres bars, el Main Bar, uno
en el hermoso y espacioso Patio, y otro en el
Cocktail Lounge, donde pianistas y cantantes
entretienen la muchedumbre todas las noches de
8 pm a 4 am. Esta casa es conocida por su bebida
«Hurricane» («huracán»), que se sirve en vasos de
vidrio soplado con timbre, de 29 onzas, muy
buscados como recuerdos de Pat O'Brien's y de
Nueva Orleans. Llega el momento en que hace

falta el café. Es la ocasión para hacer un paseo, a
pie o en carruaje, por el Barrio Francés hasta el
río y el Café du Monde al final del Mercado
Francés. Como la calle Bourbon, el **Café du
Monde** no duerme jamás. Se puede pedir a
cualquier hora el *café au lait* (café fuerte
sazonado con achicoria y leche caliente), y un
beignet, un buñuelo cuadrado espolvoreado con
azúcar fino.
Esto puede servir como preliminar a la
experiencia de la cocina de Nueva Orleans,
probablemente la más interesante de los Estados
Unidos. La materia prima consiste a menudo en
los mariscos, el arroz, los fríjoles, el pollo, el
cochino, los vegetales y las especias locales, todo
revuelto para crear comidas maravillosas según
las recetas de los Cajuns y los Criollos. Los platos
cajun reflejan básicamente un tipo de cocina
rural, fuerte, algo picante, mientras la comida
criolla «ciudadana» es más picante y se
caracteriza por el uso de las salsas. Las
especialidades locales incluyen *crawfish étoufée y
shrimp étoufée* (langostinos y gambas cocinados
en una salsa a base de tomate) *gumbo filé* (una
sopa espesa de gambas, cangrejo, okra, hierbas

21

El Mercado Francés, a orillas del Mississippi, es un estupendo lugar para compras.

aromáticas y arroz), *jambalaya*, (una olla de arroz con azafrán, tomates, jamón, gambas, pollo, apio, cebolla y especias), *fríjoles rojos con arroz* (con trozos gruesos de carne de salchicha; se come usualmente el lúnes), y *blackened redfish* (literalmente «pescado rojo ennegrecido»). Sin olvidar las especialidades francesas, como las ostras crudas servidas en sus conchas abiertas, el ternero y el pato horneados, la trucha con salsa meunière. Y por supuesto las *pralines*, es decir, dulces de pacana.

Estos platos se pueden pedir en los restaurantes elegantes o hacer en casa con la ayuda de un libro sobre la cocina de Luisiana por un autor como puede ser Paul Prudhomme. Todos los ingredientes que hacen falta para llenar la cocina se pueden comprar en el cercano **Mercado Francés**, que queda en la orilla del río, no muy lejos de la plaza Jackson. Los habitantes de la ciudad hacen sus compras en este lugar desde hace más de 150 años. Los puestos al aire libre están colmados con frutas y vegetales cultivados en huertas locales, y una gran variedad de carnes, aves, lenguado, cangrejo y otros pescados y mariscos, se amontona en los mostradores. Para los que no se interesan en forma particular por la comida, el Mercado Francés ofrece también artesanías, en tiendas situadas a menudo en galerías y en ambientes que recuerdan el Viejo Mundo.

Un paseo en un carruaje estilo antiguo representa una manera relajante para disfrutar los puntos de interés en el Barrio Francés.

Nueva Orleans también es un banquete para los ojos. El panorama de la ciudad refleja miles de estilos arquitectónicos: rascacielos modernos, agraciadas mansiones con jardines italianizados, sólidas casas de ciudad americanas, edificios clásicos del renacimiento griego y fascinadoras casas victorianas, alegradas con detalles propios del renacimiento gótico como son los arcos ojivales. Sin embargo, el refinamiento colonial francés y español del Vieux Carré representa siempre el mayor deleite de los turistas.

Las casas más viejas del Vieux Carré están construidas con un armazón de madera pesada, relleno con ladrillos y enyesado. Esta técnica, utilizada por los constructores franceses en Luisiana y conocida como *briquette entre poteaux*

Un buen ejemplo de la arquitectura ecléctica que caracteriza a Nueva Orleans.
Abajo, la ciudad es célebre por los trabajos de hierro forjado de sus balcones.

Una maravillosa sucesión de balcones de hierro forjado.

Derecha: el Museo del Cabildo en el Barrio Francés, y la herrería de Jean Lafitte.

(«ladrillo entre postes»), se observa en una casita del siglo XVIII, ahora convertida en bar, ubicada en la calle Bourbon en el número 941. El edificio se conoce como **Lafitte's Blacksmith Shop** («Herrería de Lafitte»), aunque no existen pruebas que lo relacionen con el famoso pirata. Esta casita de un solo piso, situada en la calle directamente, es típica del comienzo del siglo XVIII. La caracterizan las ventanas que llegan hasta el suelo y el techo de pendiente pronunciada. Otro tipo de casa criolla es la residencia de dos pisos en forma de L, también situada en frente de la calle y contigua con otras estructuras similares. Generalmente, un ingreso lateral permite el

El edificio La Branche con sus fabulosas galerías de hierro forjado es una de las estructuras más conocidas del Vieux Carré.

Una de las encantadoras estatuas del parque cercano al Mercado Francés.

Las rejas de hierro forjado que se aprecian en estas páginas fueron hechas por artesanos locales en el siglo XIX.

acceso al patio interior con sus árboles, flores y fuentes. Un ejemplo especialmente hermoso de este tipo de espacio privado, lo ofrece el patio Brulatour, que pertenece a la casa François Seignouret (de los primeros años del siglo XIX), ubicada en el número 520 de la calle Royal, y hoy en día sede de la estación de TV WDSU. Sin embargo, la imagen del Vieux Carré que queda quizás más impresa en la mente del visitante es la de las terrazas con plantas colgantes.
Estas abarcan tanto los sencillos balcones en hierro colado apoyados en ménsulas como las galerías de primoroso hierro forjado que se extienden en torno al edificio.
Estas últimas se asemejan casi a tartas de boda: fila sobre fila de remolinos intrincados sostenidos por columnas. El **Edificio La Branche**, en la calle Royal número 700, es probablemente el edificio más sorprendente de este género en Nueva Orleans.
Encargadas en 1840 por Melasie Trepagnier La Branche, viuda de Jean Baptiste La Branche, las galerías de hierro forjado muestran un diseño simétrico de hojas de roble y bellotas. Pertenecen también a la arquitectura característica de la ciudad los rótulos de madera, a menudo esculpidos y pintados a mano, que anuncian las galerías de arte, las tiendas de antigüedades, las perfumerías, las salas de té y los cafetines. El ambiente que rodea a Royal Street es un poco parecido al de la Rive Gauche de París.

*Arriba, dos de los muchos rótulos y letreros
tallados y pintados a mano que se ven en el
Vieux Carré.
Abajo, un tranvía de Nueva Orleans.*

CUERPO Y ALMA

El pasado está muy presente en la Nueva Orleans de hoy. Esto se aprecia en aquellas residencias privadas de una época pasada que están abiertas al público. Una de esas es la **Casa Hermann-Grima**, ubicada en el número 820 de la calle St. Louis, todavía dentro del Vieux Carré, que constituye una singular contribución americana a la arquitectura de Nueva Orleans. Construida en 1831 para Samuel Hermann padre, está hecha de ladrillo de Filadelfia en el estilo georgiano modificado que entonces prevalecía en la costa oriental. La casa cambió de propietario en 1844, cuando fue vendida a Felix Grima, abogado y notario. La propiedad quedó en manos de la familia Grima hasta 1924; la compró entonces el Christian Women's Exchange, que la convirtió en museo. La casa Hermann-Grima contiene una cocina criolla en funcionamiento de los años '30 del siglo pasado, y se hacen demonstraciones de cocina en la chimenea abierta de octubre a mayo, previa reserva. Las habitaciones están decoradas con los suntuosos muebles antiguos del período, incluyendo una cama con columnas y pabellón. Se encuentra

Derecha: La histórica Casa Hermann-Grima.
Abajo: todavía se hacen demonstraciones de cocina en la chimenea abierta de la casa.

Casa Carpentier-Beauregard-Keyes: una notable mezcla arquitectónica del estilo de los chalés de Luisiana y del neogriego. En esta página, la fachada; en la página siguiente, aspectos del jardín y de la alcoba principal.

también en el terreno de la casa una caballeriza particular restaurada.

Contrasta con la Casa Hermann-Grima la **Casa Carpentier-Beauregard-Keyes** en el número 1113 de la Calle Chartres. Esta casa es una mezcla fascinante de estilos: el típico de las casitas de Luisiana con ventanas francesas, persianas, techo con buhardillas, y el estilo del renacimiento griego. La casa posee un patio y un jardín formal francés restaurado. Joseph Le Carpentier,

subastador y abuelo del maestro de ajedrez, Paul Morphy, hizo construir esta hermosa residencia en 1826. El general de la Confederación, P.G.T. Beauregard, vivió aquí durante un breve tiempo después de haberse terminado la Guerra Civil; fue residencia de la novelista Frances Parkinson Keyes desde la Segunda Guerra Mundial hasta su muerte en 1970. La Fundación Keyes mantiene la casa como museo público, en el que se conservan muebles antiguos, recuerdos de la Keyes y una

Visitar la Casa Carpentier-Beauregard-Keyes
es hacer un viaje hacia el pasado.

colección de muñecas.

Un momento más tangible al héroe **Beauregard** existe en la forma de una **estatua ecuestre** en la entrada del **City Park**. Estos 1500 acres ubicados fuera del Vieux Carré, a mitad de camino del lago Pontchartrain, brindan a los ciudadanos y visitantes un gran espacio libre para paseos, ciclismo, tenis y golf. Los amantes de las actividades acuáticas pueden pasear en barco o pescar en las numerosas lagunas sombreadas por robles centenarios (algunos tienen 800 años), mientras los niños acuden en gran número a los carruseles y al tren miniatura.

Para los amantes de la cultura, el **Museo de Arte de Nueva Orleans** también está situado aquí, en un atractivo edificio neo-clásico. Las colecciones del museum incluyen obras del renacimiento italiano, arte precolombina, esculturas africanas y obras maestras del impresionismo francés. Aunque pueda sorprender, los cementerios representan en Nueva Orleans otra atracción turística. Puesto que la cota media de la ciudad es de cinco pies por debajo del nivel del mar, se hace imposible la sepultura subterránea. Este hecho indujo a los habitantes a crear recintos llamados «ciudades de los muertos», donde sus amados difuntos son depositados en tumbas elevadas, de varios estilos arquitectónicos. Estas criptas se asemejan a pequeñas casas en hilera o templos de inspiración griega y están construidas con materiales como marmo, ladrillo y estuco. Las primeras son más modestas, mientras las que se construyeron de 1830 en adelante, tienden a ser aparatosas reproducciones de originales a gran escala, y reflejan la gloria de los frontones del renacimiento griego, de las galerías y de las

rejas de hierro forjado. Los cementerios históricos están diseminados por toda el area metropolitana de Nueva Orleans; su ubicación documenta el crecimiento de la región, puesto que cada uno en el momento de su fundación estaba situado cerca o fuera de los límites de la ciudad. El **Cementerio San Luis Numero Uno** ("St. Louis Cemetery Number One"), en el número 400 de la calle Basin, apenas fuera de los límites del Vieux Carré, es el más viejo y el más visitado de todos ellos, por todo lo que cuenta del pasado de la ciudad. Entre las personas famosas enterradas allí se encuentran Etienne de Boré, el primer alcalde de Nueva Orleans, y Marie Laveau, conocida durante el siglo XIX como Reina del Vudù. Hablando del vudù, esta creencia con sus ritos fue traída a Nueva Orleans por esclavos de las Antillas. El Consejo Municipal trató de suprimir estas prácticas durante los primeros años del siglo XIX, autorizando que se realizaran bailes y música tribales en la llamada Plaza del Congo, que siguió siendo lugar de reuniones sociales afroamericanas hasta los últimos años de dicho siglo. Fue allí donde Charles «Buddy»

Una estatua del General Beauregard se encuentra en la entrada del City Park, donde está ubicado también el Museo de Arte de Nueva Orleans (abajo).

Bolden absorbió algunos de los ritmos afrocaribeños que constituyen una parte integral del lenguaje musical que él ayudó a crear, el jazz. El trabajo del primer hombre del jazz fue continuado por el más grande jazzista de todos, Louis Armstrong. «Satchmo» nació en Nueva Orleans el 4 de julio de 1900. Puso patas arriba el jazz, con su estilo «swing», su ritmo melódico personal y sus improvisaciones, durante las cuales embellecía y reinventaba lo que tocaba. Su trabajo de trompeta se considera inmortal. El embajador definitivo del jazz en el mundo está conmemorado para siempre en Nueva Orleans por el **Louis Armstrong Park**. Inaugurado el 15 abril 1980 por su viuda, Lucille, el parque ocupa el sitio de la anterior Plaza del Congo. Abarca el Teatro de Nueva Orleans para las Artes Escénicas, donde la Orleans Opera Guild realiza su estación de música clásica y ópera, de otoño a primavera, y el Auditorio Municipal. Sin embargo, al fin y al cabo lo que cuenta en esta ciudad es el jazz; y la estatua de Louis Armstrong está concebida para vigilar esa herencia viviente de Nueva Orleans, que tanto debe a su empeño.

Puesto que Nueva Orleans queda por debajo del nivel del mar, el lugar del descanso eterno de los habitantes tiene que estar fuera de la tierra, como se aprecia en esta foto del St. Louis Cemetery Number One, uno de los cementerios más antiguos de la ciudad. Abajo: Louis Armstrong Park.

Louis Armstrong

Louis Armstrong nació en 1901, en un barrio pobre de Nueva Orleans; a la edad de doce años fue internado en el Colored Waifs Home como delincuente juvenil. Durante los 18 meses de condena aprendió a tocar la corneta y bien pronto la música se convirtió en el lenguaje para expresar sus sentimientos más íntimos. La crítica y otros músicos lo notaron de inmediato, en sus primeras presentaciones en público con las bandas ambulantes de la ciudad; en 1922 fue invitado a unirse a la Creole Jazz Band de King Oliver en Chicago. Dos años más tarde, Armstrong tocaba en Nueva York con la banda de Fletcher Henderson. Para entonces tocaba la trompeta y su carrera de solista llevó al desarrollo del jazz como refinado arte musical.
Desde la década de 1920 en adelante, su fama aumentó sobremanera, gracias también al insólito timbre de su voz grave y al sentimiento con que tocaba la trompeta. Con su gran sensibilidad, técnica y capacidad de expresar emociones, *Satchmo* influyó sobre innumerables cantantes y músicos.

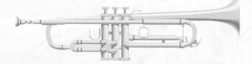

Arriba, vapores de otros tiempos anclados en el Mississippi contrastan con los rascacielos de la ciudad moderna, entre los que destaca el World Trade Center. Abajo, un buque de vapor dirigiéndose al puerto.

En la página de enfrente, Jackson Brewery y Jackson Square, algo alejadas río arriba, dan un pintoresco fondo al vapor Natchez. En las páginas siguientes, una selección de los vapores históricos que surcaron las aguas del Mississippi y un panorama nocturno de edificios comerciales y hoteles.

TENGO EL MUNDO POR UN HILO

El río **Mississippi** agrega su propio ritmo a los de Nueva Orleans. A través de los siglos este río ha suministrado a la ciudad la sangre y la subsistencia (es decir, los inmigrantes y el comercio) necesarias para su crecimiento y expansión. Rápido y profundo en este punto de su recorrido, el Mississippi divide el area en Nueva Orleans propiamente dicha y, en la orilla opuesta, Algiers. Las dos orillas están conectadas por los majestuosos entramados gemelos del **Puente sobre el Rio Mississippi.** Nueva Orleans propiamente dicha está situada en una pronunciada curva del río, lo que inspiró su apodo, "the Crescent City" (de la curva «creciente» de la luna).

AUDUBON AQUARIUM OF THE AMERICAS

El Acuario de las Américas Audubon fue designado coordinador del Programa de Luisiana para el Rescate de los Animales Marinos, consagrado a rescatar y rehabilitar mamíferos y tortugas de mar en dificultades. El programa ha sido elaborado en colaboración con el Servicio Nacional de Pesca Marítima y el Departamento de Luisiana para la Vida Natural y la Pesca.

El Acuario ya ha logrado grandes éxitos en la recuperación de tortugas marinas en peligro. Por ejemplo: en 2002 dos de estos raros animales regresaron a su hábitat natural después de recuperar la salud en el Acuario, cuyo personal sigue ocupándose de Marigny, otro ejemplar de la especie con problemas. En el momento en que fue encontrada por un pescador, Marigny presentaba el caparazón aplastado, probablemente por la hélice de una nave.

ACONTECIMIENTOS ESPECIALES: Fishy Fun on the Fourth. Como parte de los festejos anuales *Go 4th on the River*, el Acuario y el Woldenberg Riverfront Park organizan una fiesta que dura un día entero, con comida, bebida y buena música en el marco del Hibernia Pavilion, a orillas del Mississippi y junto al Acuario.

TIBURONES

En el Acuario puede verse una reproducción de una plataforma petrolera del Golfo de México, acompañada por algunas tortugas marinas rescatadas, rayas, el tarpón atlántico más grande que existe en cautiverio y tiburones de 10 pies de largo.

NUTRIAS DE MAR

Es éste uno de los pocos lugares de todo el territorio en que viven las nutrias de mar. En 2002 se les dio un hogar nuevo flamante, con dos diferentes piscinas donde las nutrias nadan y se sumergen en el agua agitada por una cascada.

También hay un amplio espacio fuera del agua donde los animales descansan. Quienes se ocupan de las curiosas y trabajadoras nutrias les enseñan actividades para tenerlas siempre ocupadas y entretenidas. Se trata de animales muy inteligentes, sorprendentemente fuertes y diestros.

CABALLITOS MARINOS

La galería de caballitos de mar está poblada por criaturas que van desde hipocampos enanos hasta hipocampos panzudos. También tienen su casa aquí los dragones de mar, que parecen hechos de tela de araña con sus apéndices semejantes a alas y que hacen pensar en míticos monstruos marinos. El plantel del Acuario ha criado con éxito hipocampos enanos y está planeando ampliar el programa para incluir en él a los raros dragones de mar.

MEDUSAS

La mayor muestra de medusas del mundo, con una colección permanente de más de 11 especies de estas misteriosas criaturas de increíble variedad de formas y tamaños.
Las que más llaman la atención son las medusas-luna, las medusas-pulpo y las medusas volteadas.

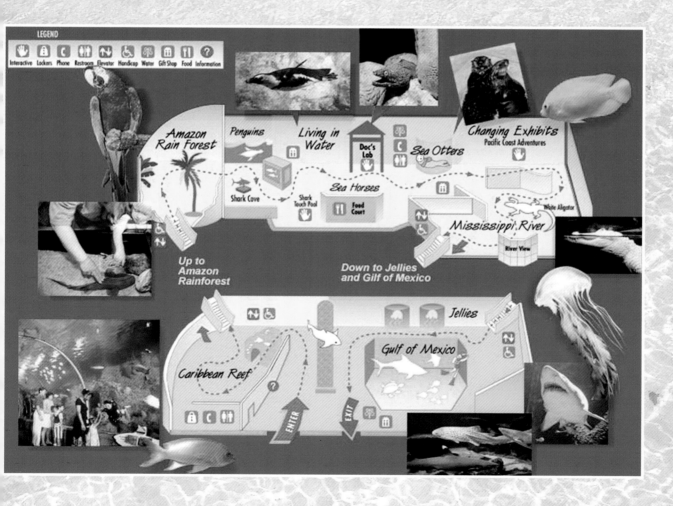

Arriba, la zona adyacente al Superdome y el hotel Hyatt. Abajo, una vista panorámica del centro de Nueva Orleans con sus modernos rascacielos y una vista del Superdome de Nueva Orleans, escenario de los partidos locales de los New Orleans Saints y de muchos otros acontecimientos, deportivos y no deportivos.

Una vista panoramica del río se obtiene bajando de la Plaza Jackson y siguiendo el **Moonwalk**, un paseo que lleva el nombre de un anterior alcalde de la ciudad, Moon Landrieu. En este lugar, mirando los **buques de vapor** amarrados en los desembarcaderos del río, se vislumbra de manera fascinante el pasado de Nueva Orleans. Lujosos vapores de ruedas, entre ellos algunos modelos históricos con la rueda a popa, con nombres como «Cajun Queen», «Cotton Blossom», «Natchez», «Creole Queen», «Bayou Jean Lafitte» y «Voyageur», ofrecen breves o largos cruceros turísticos o «cruceros con cena». La realidad actual de Nueva Orleans es la de segundo **Puerto** en los Estados Unidos en orden de tamaño y tercero en el mundo en términos de comercio. Las exportaciones incluyen productos agrícolas brutos y procesados, metales, sustancias químicas, aceites, petróleo y productos del petróleo procesados. Como es apropiado, un número significativo de las industrias de la ciudad tiene sus sedes cerca de la orilla del río en el **World Trade Center** (Centro Mundial de

Comercio), en el número 2 de la calle Canal, junto a los despachos consulares de varias naciones. Ascendiendo en el ascensor de vidrio la pared externa de este edificio de 33 pisos, hasta el «Observation Deck», se obtiene una vista estupenda, como también relajándose en el salón giratorio de cocktails dos pisos más arriba del «Deck». Una masa densa de rascacielos se abre en el cruce de cuatro calles principales, **Lee Circle**, que honra el recuerdo del general de la Confederación, Robert E. Lee. Desde un punto estratégico en la cima de una columna, el personaje militar sureño más conocido mira simbólicamente hacia el norte. La guerra a escala más reducida, se hace periódicamente en el interior del **Louisiana Superdome**, un relumbrante edificio futurista en forma de platillo, que es sede del equipo de fútbol "New Orleans Saints", así como del equipo de fútbol local "Green Wave" de la Universidad de Tulane. También es lugar para muchos encuentros de los campeonatos "Sugar Bowl" y "Super Bowl". Uno de los edificios más grande en su género en el mundo, el Superdome tiene asientos para 100,000 personas.

Arriba, el distrito de negocios de Nueva Orleans y Canal Street, línea divisoria entre el trajinado centro ciudadano y el Barrio Francés.
Abajo, otros dos aspectos del centro de Nueva Orleans, donde se maneja la actividad comercial de uno de los puertos más activos de los Estados Unidos.

Alejándose del río en este punto, uno llega al centro de **Nueva Orleans (downtown)**, el sector moderno que contiene muchos de los 50 bancos comerciales de la ciudad, las grandes almacenes y los restaurantes. Representa una parte del area colonizada por los americanos después que la ciudad fuera cedida a los Estados Unidos en 1803. El centro del sector americano estaba señalado entonces por la **Lafayette Square**, que lleva el nombre del aristócrata francés que tanto hizo por ayudar a la causa americana durante la Guerra Revolucionaria. Cerca, en la calle Camp, se encuentra la estatua de un héroe americano de la misma época, **Benjamin Franklin**. La base de la estatua de Franklin lleva grababo un dicho de su *Almanaque del Pobre Richard*: «Ahorra mientras seas Joven para Gastar cuando seas Viejo. Un Centavo Ahorrado es Mejor que Dos Centavos Ganados».

Completando el círculo de regreso al Vieux Carré, se descubre la ya mencionada división original entre el Barrio Francés y el resto de Nueva Orleans: **Canal Street**, ahora una bulliciosa avenida llena de tiendas y edificios de oficinas.

Izquierda, estatua de Benjamin Franklin cerca de Lafayette Square.
Abajo, Lee Circle, cruce de las principales arterias y monumento a la memoria del héroe del Sur.

Arriba, las estatuas de Winston Churchill y de Juana de Arco añaden un toque de historia de países lejanos a una ciudad cosmopolita. Abajo, la estupenda fuente de Spanish Plaza.

TESTIMONIOS

Más allá del Barrio Francés, el Moonwalk se convierte en el **Riverwalk**, donde se encuentra también el divertido mercado, **Riverwalk Marketplace**.

A causa de su compleja herencia y su carácter mercantil, una auténtica visión de la ciudad debe incluir los testimonios de la amistad internacional. Una estatua en bronce de **Juana de Arco**, regalo de cuatro ciudades franceses, fue donada a Nueva Orleans en nombre del gobierno francés y ubicada cerca del Mercado Comercial Internacional. Una estatua de **Winston Churchill** se encuentra en la British Place frente al **Hilton Hotel**, el cual se destaca en el panorama de la ciudad. Existe también una **Spanish Plaza**, al lado

Riverwalk Marketplace, mercado cubierto y galería comercial en el que hay de todo para todos. En la página anterior, el grandioso arco de entrada.

En esta página, arriba, un detalle del cartel a la entrada del Riverwalk en el estilo y hasta los materiales de los letreros históricos de Nueva Orleans; abajo, un aspecto del interior de la galería comercial .

En esta página, arriba, el New Orleans Convention Center; abajo, la encantadora Piazza d'Italia a la sombra de los rascacielos del puerto.

En la otra página, la costa del río donde descuellan las torres del Hilton Hotel y del World Trade Center; abajo, escena típica del ajetreado puerto de Nueva Orleans.

del World Trade Center, que rinde homenaje a la importante conexión de la ciudad con España. Sin mencionar la **Piazza d'Italia**, un templo al aire libre y una fuente con la forma del mapa de Italia, ubicados cerca del río.

Junto al intercambio de mercancías, Nueva Orleans ha promocionado fuertemente en años recientes el intercambio de ideas. Lo demuestra la existencia, en otro punto del River Walk, del **New Orleans Convention Center** (de 350.000 pies cuadrados), sede de la Convención Nacional Republicana en 1986. La economía local recibe de la actividad de convenciones un alza de 500 millones de dólares anuales.

SEÑORA, PORTESE BIEN

Nueva Orleans comprende cuatro parroquias («países»): Orleans, Jefferson, St. Bernard y St. Tammany, con una area de 363 millas cuadradas (de las cuales 200 son de tierra firme) y una población de más de medio millón. Las dos instituciones más importantes de educación superior en la ciudad son la universidades de Tulane y Loyola.

Tulane fue fundada en 1834 como escuela de medicina, y fue ampliada más tarde para abarcar las facultades de administración y comercio (la más antigua escuela de comercio en los Estados Unidos), arte, arquitectura, ciencias sociales, ingeniería y derecho (con énfasis en el estudio del Código Napoleónico, utilizado sólo por Luisiana entre los estados de la Unión). **Loyola**,

universidad administrada por los Jesuitas, es la más grande universidad católica del sur, y tiene una excelente reputación académica.

Ambas universidades están situadas, una al lado de la otra, en la **St. Charles Avenue**, una de las pocas calles donde un tranvía funciona como transporte público. El tranvía de Nueva Orleans, que trabaja continuamente desde hace 150 años, constituye un monumento histórico oficial, inmortalizado en el drama de Tennessee William *Un Tranvía Llamado Deseo* (corría en la realidad por la calle «Desire»). La avenida St. Charles forma parte también del **Garden District**, una de las primeras urbanizaciones de la ciudad, lugar de hermosas mansiones históricas y florecientes robles. Un paseo en tranvía, que al precio de 60

centavos es una ganga, permite recorrer la arquitectura elegante del area, que refleja el período victoriano con influencias francesas y españolas, además de la exuberante vegetación. Hablando de vegetación, el **Audubon Park and Zoological Garden**, que lleva el nombre del famoso naturalista que hizo gran parte de su mejor trabajo en Luisiana, también se precia de situarse en la avenida St. Charles. Los 400 acres del parque son un excelente lugar para un paseo a pie o en bicicleta, un picnic o un partido de golf.

Una visita a Nueva Orleans difícilmente podría estar completa sin una parada en las características haciendas de la periferia o en las antiguas plantaciones. La **Casa y los Jardines Longue Vue** son interesantes por su estilo antiguo y origen reciente. El jardín formal inglés encierra un patio típico español; la casa fue construida en 1924 según el estilo arquitectónico del renacimiento griego, y está amueblada con antigüedades francesas y inglesas de los siglos XVIII y XIX. Las plantaciones de notable interés incluyen las de **San Francisco, Oak Alley, Houmas House y Nottoway**.

Universidad de Tulane y Universidad de Loyola.

En la página de enfrente, en el sentido de las agujas del reloj, un tranvía en Charles Street, una bonita casa del Garden District, fuente en Audubon Park y el histórico Commander's Place Restaurant.

LOYOLA

La mansión del Gobernador
en Baton Rouge, en el típico
estilo anterior a la guerra civil.

La casa de Long Vue Plantation con sus
amplios y extraordinariamente bien
cuidados jardines y prados.

BATON ROUGE

Cuál es el origen del curioso nombre de esta ciudad es cuestión discutida. Una leyenda narra que los nativos del lugar colgaban sus piezas de caza en un árbol alto y delgado que con el tiempo se tiñó de sangre. Se supone que los franceses que llegaron a la aldea indígena vieron ese palo y dieron al lugar el nombre de *Le Bâton Rouge* (*palo rojo*, precisamente). Otra leyenda dice que en las barrancas del río crecía un ciprés enorme, al que los nativos le quitaron la corteza, hecho que le imprimió un color rojo, para que fuera inconfundible línea divisoria entre los territorios de las tribus huma y bayou goule. Baton Rouge está unas 80 millas al noroeste de Nueva Orleans, estratégicamente ubicada sobre una barranca del Mississippi. En 1718, los franceses construyeron aquí un fuerte para proteger a quienes iban o venían de Nueva Orleans. Desde entonces, siete diferentes banderas flamearon en Baton Rouge, registrada oficialmente como ciudad en 1817. En la actualidad es la capital del estado de Luisiana. En los albores del siglo XX, Baton Rouge comenzó su industrialización y en la actualidad es el centro de la industria petroquímica del Sur. La compañía Exxon elabora aquí más de 700 derivados del petróleo y tiene instalada una de las refinerías más grandes del mundo. Baton Rouge es el puerto de aguas profundas más internado y alejado del Golfo de México, pues dista unas 230 millas marinas de la desembocadura del río. En la ciudad se encuentran también la Luisiana State University y la Southern University, la casa de altos estudios destinada a gente de color más influyente de los Estados Unidos. En la primera de estas instituciones puede verse el **Rural Life Museum** (Museo de la Vida Rural) que reproduce una plantación en actividad. Cerca de la LSU y del río hay una mansión francesa criolla, auténtica de la década de 1790 y restaurada, **Magnolia Mound Plantation**. La mayor atracción de la ciudad es el **Luisiana State Capitol**, de 34 pisos y estilo modernista. Construido en 1932 por el pintoresco y discutido gobernador Huey P. Long, es también el lugar en que el mismo cayó asesinado en 1935. Long está sepultado en los jardines del Capitolio. Dentro del edificio, una lujosa colección de bronces y mármoles narra la historia de Luisiana. La plataforma de observación del piso 27 permite contemplar toda Baton Rouge y el Mississippi. El antiguo **Old State Capitol**, de estilo neogótico, construido en 1849, ha sido restaurado recientemente con un gasto de 16 millones de dólares y se ha instalado en él el Centro de Luisiana para la Historia Política y Gubernamental. También conocido como "el castillo de Luisiana", sus puntos fuertes son una escalera circular de hierro y una rotonda con vidrieras de colores. La residencia del gobernador, que cuenta 40 habitaciones, fue construida en 1963 en el estilo de las mansiones de campo anteriores a la guerra civil. Si se desea ver una legítima casa de aquellos tiempos, hay que ir a **Nottoway**, 16 millas al sur de Baton Rouge. Se trata de una mansión de estilo neogriego e italiano que data de 1859 y es la casa de plantación más grande que ha llegado hasta nosotros: tiene 64 habitaciones, 200 ventanas y 165 puertas. Veintidós columnas forman las galerías del frente. En la actualidad, Nottoway es un restaurante que también ofrece alojamiento.

LOUISIANA PLANTATION COUNTRY

Luego de pasar Natchez, la **River Road** tuerce al este y al oeste del Mississippi, atraviesa Baton Rouge, la capital de Luisiana, y prosigue hacia Nueva Orleans. Bordean la carretera suntuosas residencias anteriores a la guerra civil, cuidadosamente restauradas, recuerdos de los tiempos en que aquí había grandes plantaciones de algodón y caña de azúcar, propiedad de los grandes terratenientes de Nueva Orleans. Un tranquilo paseo en coche por **Plantation Country**, como se llama este tramo de la carretera, es el modo ideal para ver estos encantadores antiguos lugares, a la sombra de nudosos robles centenarios cubiertos de musgo. Varios de estos lugares están abiertos al público y algunos de ellos son hoy restaurantes o posadas. Al mismo tiempo que se saborea el encanto de una época pasada, hay que estar preparados para volver repentinamente a nuestros días: a lo largo de esta parte de la River Road, las planicies en que se cultivaba el algodón y la caña de azúcar están hoy sembradas de instalaciones petrolíferas y chimeneas que lanzan llamas.

Unas 25 millas al sur de Baton Rouge, en la ribera este del Mississippi, está St. Francisville: prácticamente la ciudad entera está en el Registro Nacional de Lugares Históricos.

En primer lugar, hay que visitar el **West Feliciana Historical Museum** que entrega al turista un mapa muy útil de los puntos de interés. En la década de 1820, el pintor naturalista John James Audubon pasó un tiempo aquí y algunas de sus obras se exponen en la **Audubon Art Gallery**, situada en el Hotel Best Western-St. Francisville. Al sur de la ciudad está **Audubon State Commemorative Area**, que comprende **Oakley House**, lugar en que Audubon trabajó como preceptor y donde pintó gran parte de su serie *Pájaros de América*. La grandiosa **Rosedown Plantation and Historic Garden**, que hoy es un hotel en medio de 28 acres de famosos jardines, es una etapa obligada para el turista. Levantada entre 1835 y 1858, Rosedown exhibe un juego de dormitorio de estilo gótico que debía ser un regalo para Henry Clay por su elección a presidente de la nación. Pero Clay perdió las elecciones de 1844 y los muebles fueron mandados a Rosedown, cuyo propietario se vio obligado a construir otra ala para albergar el enorme mobiliario.

Del otro lado del río, prosiguiendo por River Road, está la romántica **Oak Alley Plantation**, con su edificio de 1839 de altas columnas y estilo griego-criollo; pero Oak Alley es más famosa por su avenida de enormes robles, catorce por cada hilera, que forman una galería natural. Los árboles fueron plantados en los comienzos del siglo XVIII por un colono francés y hoy constituyen un maravilloso sendero de un cuarto de milla desde el frente de la mansión hasta el río. En Oak Alley se rodaron varias películas de Hollywood, entre ellas *Largo y ardiente verano* y *Entrevista con el vampiro*. En la margen este del río, cerca de Nueva Orleans, está la exuberante finca **San Francisco**, construida en 1854. Decorada de manera extravagante y sin reparar en gastos, esta singular casa fue proyectada para parecerse a un vapor, de ahí que su estilo haya sido definido "gótico buque de vapor". En su interior destaca el molino de madera jaspeada de ciprés y los altos techos de madera decorados.

Arriba, Oak Alley Plantation con su casa al final de la avenida de robles centenarios. Abajo, los bajíos del inmenso delta cruzados por canales. Estas formaciones denotan la escasa profundidad del delta en la actualidad.

La residencia de San Francisco Plantation.

El río Mississippi se divide en tres canales al acercarse al Golfo de México, creando un delta "a pata de ave".

BAJANDO HACIA EL GOLFO

Al sur de Nueva Orleans, la corriente del Mississippi se hace más lenta y su ancho se reduce de más de una milla a menos de mil pies. Al acercarse al final de su recorrido, en **Head of Passes**, el río se divide en tres canales (**Southwest Pass**, **South Pass** y **Pass a Loutre**), creando una configuración geográfica conocida como "birdfoot" (*pata de ave*). A esta altura, la enorme mole de sedimentos transportada por más de 2.500 millas, alimentada por incontables arroyos tributarios y por grandes ríos cenagosos como el Missouri y el Ohio, se hace demasiado pesada para ser arrastrada por la corriente y se deposita en el lecho del río. En el curso de miles de años, este proceso formó el sur de Luisiana y en los últimos cientos de años agregó muchas millas cuadradas de tierras bajas y pantanosas al extremo sudeste del estado. En el pasado, esos depósitos amenazaron con cerrar completamente la boca del río, impidiéndole desaguar en el Golfo de México y obstaculizando la navegación internacional. Hacia mediados del siglo XIX, las tareas de dragado convencionales perdie-

ron su batalla contra los elementos: peligrosos restos de buques naufragados reducían el ancho del paso y las naves que se dirigían al Golfo o procedían de él tenían que ser remolcadas con la alta marea por encima de bancos de arena y fango. La ciudadanía reclamó que el gobierno federal tomara cartas en el asunto y en 1875, estando a la cabeza del Congreso de los Estados Unidos, el capitán James B. Eades - el genial ingeniero autodidacto que construyó el célebre Eades Bridge en St. Louis - inició la construcción de un sistema de muelles paralelos que forzarían al río a excavarse un canal más profundo en su desembocadura. En la actualidad, todos los barcos de mucho calado pasan por aquí o por el Southwest Pass de 40 pies de profundidad. El delta del Mississippi es un inmenso pantano salobre donde abunda la vida vegetal y animal; es también el hábitat de cinco especies de víboras venenosas. Es la última parada de la ruta del Mississippi para los cientos de miles de pájaros migratorios que inviernan aquí y residencia habitual de especies nativas de aves acuáticas como el pelicano marrón marino. Durante muchos años el habitante más exótico de la región, el caimán, fue objeto de una cacería despiadada que lo llevó al borde de la extinción; en la actualidad, la población de esos reptiles está aumentando gracias a severas leyes federales contra la caza no autorizada. Otra especie inusual, la nutria sudamericana, también es atrapada por el valor de su piel, aunque sigue reproduciéndose a una tasa alarmante - e indignante - para muchos residentes. Allí donde las mareas se encuentran con la corriente del Mississippi se forma un amplio estuario. La pesca, la captura de langostinos y los bancos de ostras son las industrias más importantes. Buena parte de la zona es una reserva natural, que comprende entre otros el **Breton National Wildlife Refuge**, el **Delta National Wildlife Refuge**, y el **Pass a Loutre Wildlife Management Area**, 66.000 acres de tierras pantanosas accesibles únicamente en bote. En una convivencia frecuentemente incómoda entre la naturaleza y la industria petrolera, ambas marchan en su propia dirección pero codo a codo. Desde Baton Rouge hacia el sur, las compañías petroleras explotan campos de extracción y refinerías. Miles de plataformas petrolíferas constelan el Golfo de México, donde el control de las crecidas y de la erosión es una batalla incesante y de alto riesgo. El río Mississippi tiene la tendencia a desplazarse hacia el oeste para desaguar en el Golfo por la cuenca más corta del río Achafalaya. Hace ya años que los esfuerzos de la ingeniería se están concentrando para evitar esta desviación que sería desastrosa; si el hombre logrará o no vencer este reto es cuestión de fe en la moderna tecnología.

l Mardi Gras, en Nueva Orleans estallan coloridos
estejos. En estas páginas y en la siguiente, aspectos
e los desfiles de carros.

MARDI GRAS

nalmente, ningún libro sobre Nueva Orleans
odría esta completo sin hablar del
undialmente celebrado **Mardi Gras** de la
udad, el «Martes Gordo» antes del Miércoles de
enizas y Cuaresma. Según la mejor tradición
ancesa, las dos semanas antes del Mardi Gras
tán colmadas, noche y día, de desfiles
ganizados por grupos carnavalescos llamados
rewes». Cada grupo trata de superar a los
más con sus trajes fantasiosos. Se impone la
rdadera naturaleza de Nueva Orleans, mientras
ciudad explota en color y fiesta. Estos dos
mponentes, al fin y al cabo, son los que
nstituyen el *jazz*.

INDICE